AF236449

Miku Kumiko

Oder Unsinn

Koans oder Meditationen
oder Gedanken oder Notizen
oder Unsinn

Bibliografische Information der
Deutschen Nationalbibliothek: Die
Deutsche Nationalbibliothek
verzeichnet diese Publikation in der
Deutschen Nationalbibliografie;
detaillierte bibliografische Daten
sind im Internet
über dnb.dnb.de abrufbar.

Herstellung und Verlag:

BoD – Books on Demand,
Norderstedt

ISBN: 9783753402840

Für Verlorene und für
Angekommene und für
Träumer und für Suchende
und für Verrückte und für
Einsame und für Traurige und
für Wahnsinnige und für
Leidende und für Trauernde
und für Glückliche und für
Unglückliche und für
Wissende und für Dumme
und für Herzlose und für
Liebende

und für dich

Sehen

Wir gingen fort um genauer
zu sehen

(Ausgewogen)

Genauer fort

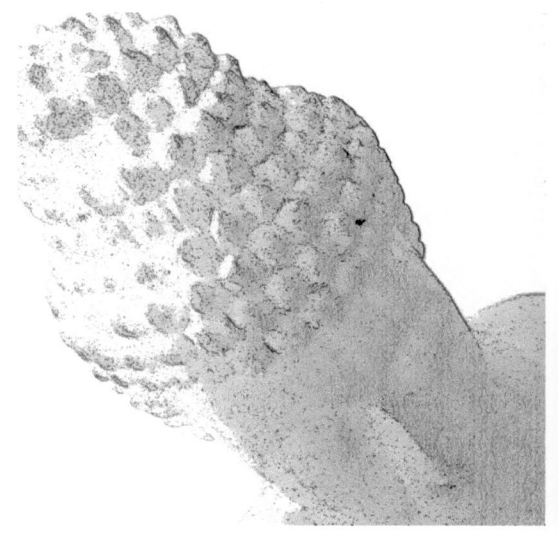

Mehr

Genug bekommen wir
geschenkt und trauen uns
umso mehr

(Verdreht)

Mehr bekommen

Nichts

Alle Tage werden schnell
verwendet und aus allem wird
nichts

(Verschwendet)

Nichts werden

Beginnen

Beendete Gedanken können
immer wieder neu beginnen

(Geglaubt)

Gedanken beginnen

Bleiben

Geflohen sein und ohne
Begabungen bleiben

(Gelungen)

Geflohen bleiben

Geben

Du willst mir hoffentlich deine
Aufmerksamkeit ohne
Bedingungen geben

(Glaube)

Ohne Aufmerksamkeit

Größer

Zerrissene Freuden machen
mein Glück nicht größer

(Hoffnung)

Glück machen

Erlahmen

Anfangs einen Sinn im
schnellen Laufen gefunden
haben und jetzt erlahmen

(Ende)

Anfangs erlahmen

Liebe

Das Ende ist durchsichtig
ohne Wahrheit und ohne Hass
und ohne Liebe
(Anfang)

Ohne Liebe

Verlieren

Berufene Gedanken trauen
sich nicht auszudrücken und
langsam den Tag verlieren

(Ausgedacht)

Sich trauen

Sinn

Die größten Botschaften
erstrahlen nicht im Herzen
und trüben den Sinn

(Größe)

Sinn erstrahlen

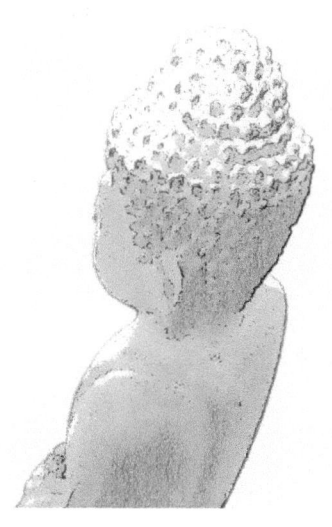

Bemerken

Gelegentlich lügen und es
heute gar nicht bemerken

(Freiheit)

Gelegentlich bemerken

Selbst

Wirf dich nieder und
beobachte dich selbst

(Demut)

Wirf selbst

Daran

Das Herz kann gerne
verwundet sein und du denkst
nicht daran

(Freude)

Kann sein

Frei

Das Opfer bringt dich nicht
weiter und du wirst endlich
frei

(Träumerei)

Weiter frei

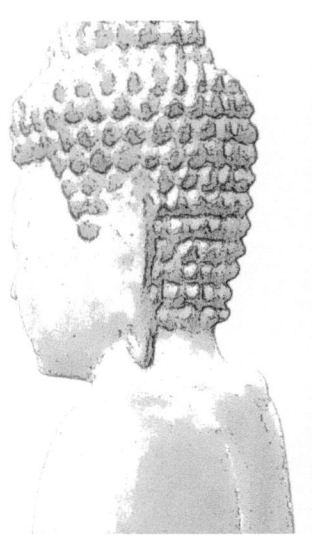

Dich

Schmerzen greifen dich an
und verschönern dich

(Reife)

Schmerzen verschönern

Sein

Kunstvoll den Tag verbringen
und am Abend alleine sein

(Gelungen)

Kunstvoll sein

Sein

Hoffnungsvoll gut kritisiert
haben und doch nicht
gesehen worden sein

(Eitel)

Hoffnungsvoll sein

Vorschreiben

Ruhepunkte nicht gefunden
haben und sich den Tag
vorschreiben

(Gedanken)

Ruhepunkte vorschreiben

Fassen

An ein Gestern denken und
schon wieder einen Sinn neu
fassen

(Unsinn)

Gestern fassen

Bekommen

Aufdringliche Gedanken nicht
loswerden und fast keine Luft
mehr bekommen

(Gestorben)

Gedanken bekommen

Haben

Am Ende zurückdenken und
doch nichts davon haben

(Freiheit)

Nichts haben

Fühlen

Den Schmerz loslassen und
ihn noch mehr fühlen

(Geglaubt)

Schmerz fühlen

Erhoffen

Immer wieder neu ein Leben
erdenken und einen schönen
Sinn erhoffen

(Zukunftslos)

Leben erhoffen

Nichts

Der Sinn hat ein Ende ohne
Gedanken und du
verschwindest im Nichts

(Ausgedacht)

Sinn verschwindet

Alleine

Aufgebrachte Menschen
erschlagen dein erdachtes
Leben und du bist wieder
alleine

(Widerlich)

Menschen erschlagen

Bleiben

Gut sein wollen und dennoch
nur ein Niemand bleiben

(Ungesehen)

Gut bleiben

Wendung

Bessere dein Leben aus und
mache eine sinnlose
Wendung

(Erneuern)

Bessere Wendung

Verloren

Das Gehörte verlor sich
zwischen vielen Gedanken
und blieb für immer verloren

(Angefasst)

Gedanken verloren

Kommen

Gründlich nachdenken und zu
einem durchdachten
Entschluss kommen

(Regeln)

Gründlich kommen

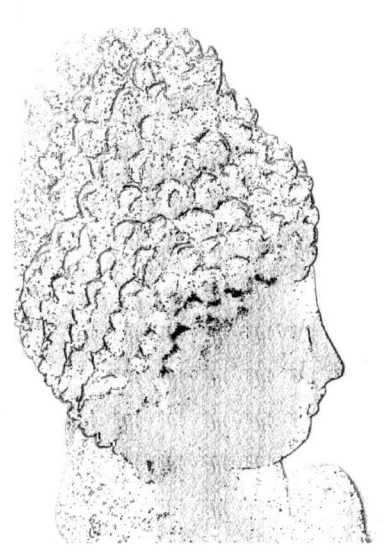

Daran

Außergewöhnliche Tage wird
es nie geben und du glaubst
vielleicht vergebens daran

(Ausgeatmet)

Tage geben

Sagen

Der Sinn war schon besser
und es gibt fast nichts mehr
zu sagen

(Ruhen)

Sinn sagen

Gemacht

Es gibt nichts mehr zu sagen
und der Anfang ist gemacht

(Unendlich)

Nichts sagen

Tag

Gefundene Gedanken wagen
es nicht, sich auszudrücken
und ich verliere den Tag

(Zweifel)

Gedanken ausdrücken

Liebe

Das Ende ist transparent ohne
Wahrheit, ohne Hass, ohne
Liebe

(Verenden)

Hass ist

Sagen

Das Gefühl ist schon besser
und es gibt wenig zu sagen

(Aufbauen)

Besser sagen

Nach

Das Herz tut gerne weh und
du denkst nicht darüber nach

(Verirren)

Du denkst

Sein

Das Opfer wird dich
nirgendwohin bringen und du
wirst endlich frei sein

(Gutsein)

Opfer sein

Neu

Denke an gestern und erkläre
die Bedeutung neu

(Herzlos)

Denke neu

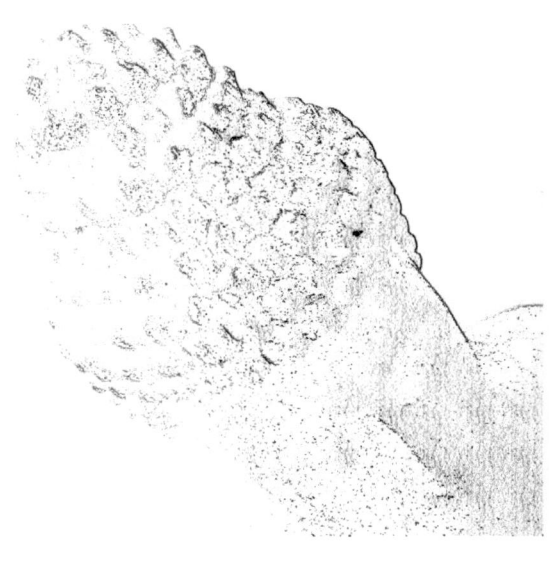

Sinn

Denke immer an ein neues
Leben und erwarte einen
schönen Sinn

(Durchdacht)

Denke Sinn

Nichts

Die Bedeutung endet ohne
nachzudenken und du
verschwindest im Nichts

(Freiheit)

Nichts endet

Nicht

Die beste Botschaft scheint in
deinem Herzen und trübt dein
Herz nicht

(Erleuchtung)

Und scheint

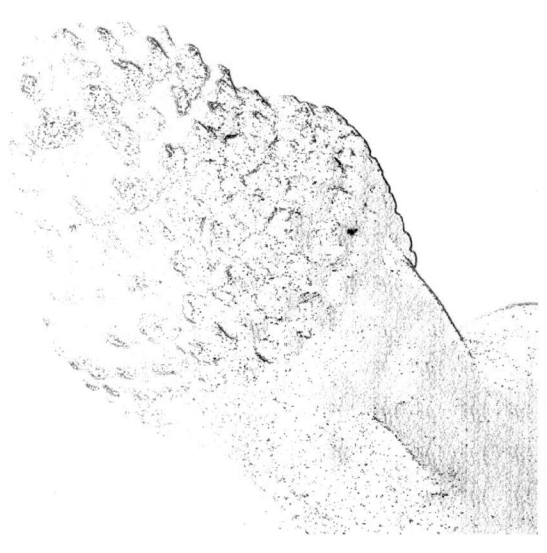

Sein

Eine wütende Person tötet
dein imaginäres Leben und du
wirst wieder alleine sein

(Meisterlich)

Person sein

Gemacht

Es gibt nichts zu sagen und
der Anfang wurde gemacht

(Neuerlich)

Anfang sagen

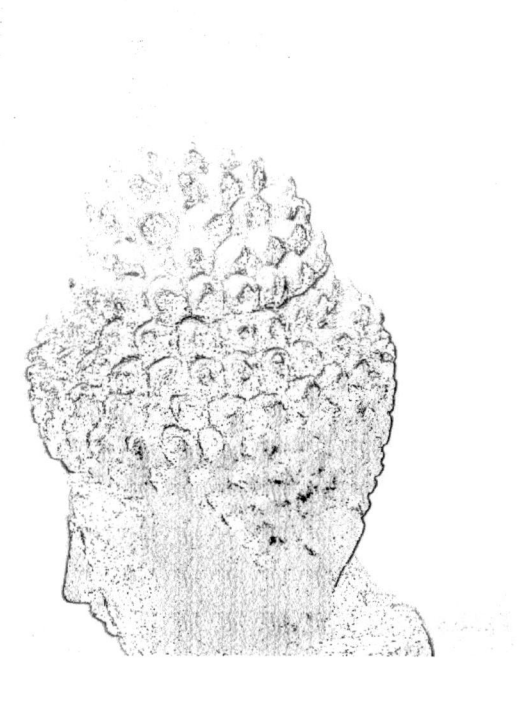

Glauben

Es gibt nie einen besonderen
Tag und du kannst an
Verschwendung glauben

(Bedacht)

Nie glauben

Schenken

Hoffentlich kannst du mir
deine bedingungslose
Aufmerksamkeit schenken

(Liebelei)

Hoffentlich schenken

Gesehen

Hoffentlich wurdest du
kritisiert, aber noch nicht
gesehen

(Selbstsucht)

Hoffentlich gesehen

An

Ich fand einen Haltepunkt und
gab den Tag nicht an

(Vertrauen)

Ich gab

Sehen

Gehen, um es besser zu sehen

(Finden)

Es sehen

Atem

Die störenden Gedanken nicht
loswerden und bin außer
Atem

(Verirren)

Gedanken loswerden

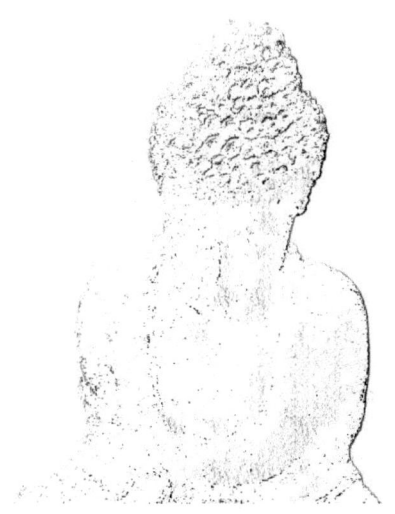

Übrig

Ich möchte besser werden,
aber niemand bleibt übrig

(Verdrängen)

Niemand bleibt

Passiert

Jeder Tag wird schnell genutzt
und nichts passiert

(Haben)

Nichts genutzt

Mehr

Lass den Schmerz los und
fühle ihn noch mehr

(Weg)

Fühle mehr

Talent

Lauf weg und geh ohne Talent

(Loslassen)

Lauf ohne

Nicht

Manchmal lüge ich und merke
es heute gar nicht

(Verblendet)

Manchmal nicht

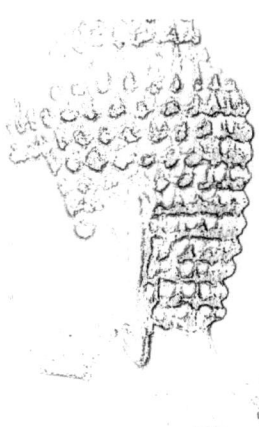

Wendung

Repariere dein Leben und
mache eine sinnlose
Wendung

(Richtung)

Mache Leben

Nichts

Rückblickend gibt es ja noch
nichts

(Bedacht)

Rückblickend nichts

Dich

Schmerzen greifen dich an
und verschönern dich

(Irrglaube)

Schmerzen verschönern

Beginnen

Du kannst immer mit
Gedanken von vorne
beginnen

(Glaube)

Gedanken beginnen

Entscheidungen

Überlege sorgfältig und treffe
gut durchdachte
Entscheidungen

(Verirrungen)

Überlege Entscheidungen

Allein

Verbringen den Tag gekonnt
und sei abends allein

(Erlösung)

Gekonnt allein

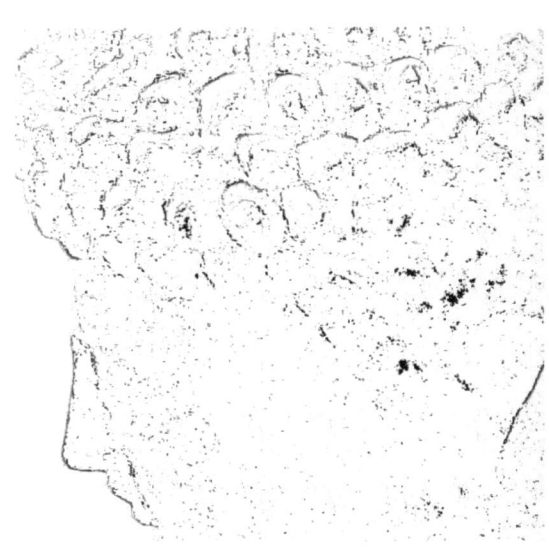

Verloren

Was ich hörte, war während
vieler Gedanken verloren und
für immer verloren

(Chance)

Immer Gedanken

Selbst

Wir bekommen genug
umsonst und wagen kaum
immer mehr selbst

(Angst)

Wir selbst

An

Wirf dich hin und schau dich
an

(Kraft)

Wirf an

Größer

Zerrissene Freude macht mein
Glück nicht größer

(Ichsucht)

Nicht Glück

Ich

Zuerst feststellen, dass ich
schnell laufe und jetzt sinke
ich

(Selbstlos)

Zuerst ich

Langsam

Erwähnte Kommentare wagst
du nicht auszudrücken und
der Tag verblasst langsam

(Reichlich)

Langsam verblasst

Liebe

Das Ende ist transparent, es
gibt keine Wahrheit, keinen
Hass, keine Liebe

(Angekommen)

Ende gibt

Sagen

Ich fühle mich gut und habe
wenig zu sagen

(Verschwommen)

Fühle wenig

Nach

Du tust gerne deinem Herzen
weh und du denkst nicht
darüber nach

(Leiden)

Darüber du

Freigelassen

Das Opfer ist nirgends zu
finden und du wirst schließlich
freigelassen

(Glück)

Opfer finden

Neu

Denke an gestern und
definiere die Bedeutung neu

(Verschlungen)

Denke neu

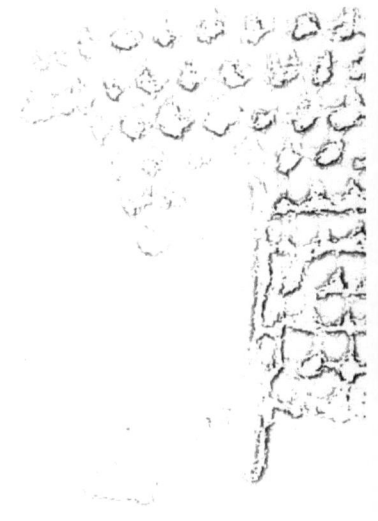

Ziele

Denke immer an ein neues
Leben und setze dir große
Ziele

(Verdorben)

Denke Ziele

Weggehen

Es endet ohne nachzudenken
und du wirst niemals
weggehen

(Hoffnungsvoll)

Ohne weggehen

Nicht

Die beste Botschaft scheint in
deinem Herzen und trübt dein
Herz nicht

(Leuchten)

Trübt nicht

Sein

Dein geistiges Leben wird
zerstört und du wirst wieder
einsam sein

(Anfang)

Leben sein

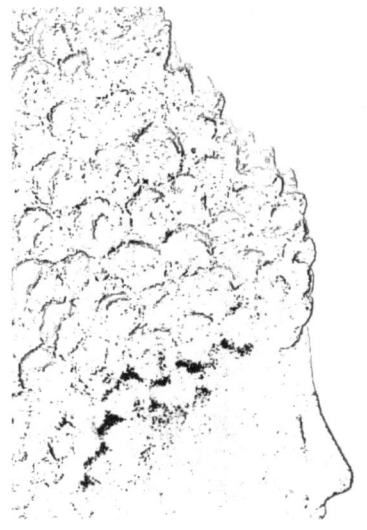

An

Nichts fing an

(Ende)

An nichts

Vertrauen

Es gibt nie einen besonderen
Tag und du kannst der
Verschwendung vertrauen

(Leichtigkeit)

Nie vertrauen

Aufmerksamkeit

Ich freue mich auf deine
bedingungslose
Aufmerksamkeit

(Gefühle)

Auf Aufmerksamkeit

Gesehen

Du wurdest kritisiert, aber
noch nicht gesehen

(Loslassen)

Nicht kritisiert

Erwähnt

Ich habe einen Haltepunkt
gefunden und dieser wurde
an diesem Tag nicht erwähnt

(Abhängigkeit)

Haltepunkt erwähnt

Gesehen

Ich habe dich scheinbar oft
gesehen

(Ahnungen)

Dich gesehen

Atem

Die lästigen Gedanken nicht
loswerden können und ich bin
außer Atem

(Sterben)

Gedanken können

Übrig

Ich möchte gut sein, aber
niemand ist mehr übrig

(Angekommen)

Übrig sein

Passiert

Jeden Tag schnell verwenden
und nichts passiert

(Rennen)

Nichts verwenden

Anfühlen

Lass den Schmerz los und lass
ihn sich mehr anfühlen

(Schauen)

Lass anfühlen

Talent

Flucht ohne Talent

(Auflösung)

Ohne Flucht

Ich

Manchmal lüge ich

(Genauigkeit)

Ich lüge

Wendung

Passe dein Leben an und
machen eine bedeutungslose
Wendung

(Mut)

Leben machen

Überdenken

Noch nichts zu überdenken

(Beenden)

Noch überdenken

Dich

Schmerz trifft dich und
verschönert dich

(Annehmen)

Schmerz trifft

Starten

Du kannst jederzeit neu
starten

(Chancenlos)

Jederzeit starten

Entscheidungen

Überlege sorgfältig und triff
gut durchdachte
Entscheidungen

(Erstarren)

Überlege Entscheidungen

Allein

Verbringen den Tag gut und
sei abends allein

(Einpendeln)

Abends verbringen

Verloren

Was ich hörte, war in vielen
Gedanken verloren und für
immer verloren

(Bewegungen)

Hörte Gedanken

Tun

Wir haben genug umsonst
getan und wir haben den Mut,
mehr davon zu tun

(Wiederkehr)

Wir tun

An

Wirf dich hinein und schau
dich an

(Ermutigt)

An dich

Mehr

Mein Glück ist keine
zerrissene Freude mehr

(Ausgedacht)

Freude ist

Sie

Zuerst sehen, dass sie schnell
rannten und jetzt sanken sie

(Projektion)

Sie rannten